姚旭燈 畫集

PAINTINGS by YAU SHIUH-DENG

序文

雲林出生的姚旭燈大師，20多歲時就赴日本讀書、打拼發展，在日本唸的是拓殖大學的政治，最後走入藝術的世界，30歲就在日本畫壇創下一片天，榮登十大「日本畫」（膠彩畫）畫家，被日本美術年鑑選爲當代優秀日本畫畫家，是其中唯一一位台灣畫家，作品廣爲日本及各國政商各界所收藏。

姚大師旅居日本卻心繫台灣，去年大方捐贈臺南美術館兩幅動人的畫作，分別是絢麗開屏的孔雀圖「光彩翎羽」與畫著栩栩如生充滿本土情懷的火雞圖「喜悅」，讓臺灣民眾有幸親近大師的絕妙畫作。

曾有機會在日本造訪姚大師的畫室，近距離欣賞多幅作品，端見其作品秀麗中充滿獨特的氣質，完全散發出個人嶄新的風格，內容涵括山水、動物、花鳥等無所不畫的題材。

我也特別注意到，姚旭燈大師對故鄉的情懷，在作品中有梅花鹿、水牛，牽牛花及百合……，這些源自臺灣的題材常出現在畫中，細膩溫柔的筆觸，充滿內心細膩的與意境的展現，傳統畫風的線條鉤勒，結合日本畫中顏料層層堆疊的膠彩手法，畫出背景、疊出主題，每一層堆疊都是個人畫工專注力與耐性的考驗。

姚大師是一個關心臺灣，不吝付出的人，先前捐贈畫作義賣作爲幫助弱勢團體及家庭的經費，多年來更透過他的畫作在日本各地展覽，建立臺日文化互動交流，強化雙方友誼。

欣聞姚大師睽違許久的作品畫冊出版，這是美術界一大盛事，期待大師更多作品問世，讓大家看見臺灣與世界的美。

副總統

賴清德

姚旭燈　簡歷

生於1958年　旅日42年，日本拓殖大學政治學畢業，無師自學精通繪畫，19歲在台灣省立美術館推出個展，33歲當選全球傑出華裔青年，40歲被日本美術年鑑評爲首席畫家，是唯一一位受肯定的台灣畫家。舉凡花鳥、動物、人物、山水無所不繪，風格嶄新，精細雅緻，筆法圓潤俐落，渲染極致靈性，自然灑脫不顯俗意、寫實細膩不現匠氣！膠彩畫每處至少疊畫6層，爲避免色料乾掉，從第1筆到最後1筆都不能停，故以"用生命在畫畫"自勉 ，40多年來，不斷自我挑戰，希能超越並創造中、日、台數千年歷史的經典。

與日本政界及民間皆有深交，旅日42年，不忘來自故鄉台灣，建立起台日良好關係之橋樑。曾在台、中、日、韓等國博物館舉行個展68回並出版畫集 16集、除深受各界人士喜愛雅藏外並獲台、中、日頂尖美術館珍收典藏！

姚 旭燈　簡歴

1958年生まれ。在日42年。日本拓殖大学政治学部卒業。62歳。

独学にて自らの絵画の世界を創りあげる。19歳の時、台湾省立美術館にて個展を開催。1992年、「全世界傑出青年賞」を受賞。40歳で『日本美術年鑑』のトップページを飾る。

花鳥・動物・人物・山水など絵のモチーフは多岐にわたる。斬新でありながら風格があり緻密かつ繊細な画風で、その筆使いは柔らかく力強くきっぱりと的確である。その技法は神がかり的で、自然を描きながらも俗っぽさが無く清らかな世界観を表わしている。非常に細密に描きこむが職人的ではない。

膠を使った日本画は、最低でも6回色を重ねるが、その描いた絵の具が乾ききる前にまた描かねばならず、最初の一筆から最後の一筆まで途中で止める事はできない。それゆえ「命がけの絵画」と言われ、その描き方を40年以上続けてきている。自分へのたゆまぬ挑戦を続け、創作したものが台・中・日の数千年の歴史の精華を超えたいと願い続けている。

42年間の日本滞在で、日本の政界及び各界において親交を結ぶ人々が多くいるが、故郷台湾を忘れる事はなく、台日の友好の懸け橋となっている。台・中・日・韓の各国の博物館にて開催した個展は68回。出版した画集は16冊となる。

その作品は、愛好家の所蔵の他、トップの美術館に所蔵されている。

Resume - Yau Shiuh-Deng

Born in 1958, Mr. Yau has stayed in Japan for 42 years. He was graduated from the Department of Political Science,Takushoku University, and received various awards including the Art and Literature Award, Outstanding Chinese Young Persons Award and Top Ten Outstanding Young Persons Award. Mr. Yau is a versatile painter who creates diversified artworks including birds and flowers, animals, human figures and landscapes. With his great efforts in delivering emotion and images, his works are distinguished by their exquisite elegance and extraordinary gracefulness, which shaped the brand-new, unique style of the painter.

In the past, Mr.Yau's paintings have been exhibited in 68 personal exhibitions in the museums of china, Taiwan, Japan, Korea, as well as in the Mitsukoshi Department Store. This book of paintings is the 16th.

姚旭燈 畫歷

1958 臺灣 雲林出生
日本 拓殖大學政治學畢業

1978 臺灣 臺北市省立博物館個展

1980 日本 東京日生美術館個展

1981 韓國 漢城美術館個展
姚旭燈畫集出版

1983 日本 留學

1984 日本 奈良文化會館個展

1985 日本 名古屋博物館個展

1986 臺灣 臺北市省立博物館會展

1987 日本 新瀉三越個展
日本 池袋三越個展

1988 日本 新宿三越個展
日本 横濱三越個展

1989 日本 新宿三越個展
姚旭燈畫集出版
日本 札幌三越個展

1990 日本 大阪三越個展
日本 新宿三越個展

1991 日本 新瀉三越個展

1992 臺灣 臺北新光三越個展
姚旭燈畫集出版
當選全球傑出華裔青年

1993 日本 名古屋三越個展

1994 日本 新瀉三越個展

1995 日本 新宿三越個展
姚旭燈畫集出版

1996 臺灣 臺北新光三越個展
姚旭燈畫集出版
日本 札幌三越個展

1997 臺灣 高雄新光三越個展
日本 銀座三越個展
姚旭燈畫集出版

1998 日本 千葉三越個展

1999 臺灣 臺北新光三越個展
姚旭燈畫集出版

2000 臺灣 高雄新光三越個展
姚旭燈畫集出版

2002 日本 名古屋博物館個展

2004 臺灣 臺南新光三越個展
姚旭燈畫集出版

2006 臺灣 臺北
國立中山國家畫廊個展
姚旭燈畫集出版

2009 臺灣 文藝獎章受賞
姚旭燈畫集出版

2011 中國 北京保利藝術博物館個展

2013 臺灣 姚旭燈畫集出版

2015 中國 廣州觀舟美術館個展

2016 中國 蘇州新光百貨個展
姚旭燈畫集出版

2021 臺灣 臺北比漾廣場個展
姚旭燈畫集出版

南園第一美

（紅腹錦雞、常鶲、櫻花）

30號

王者、祥瑞
（虎）
30號

喜悅
（火雞、麻雀）
30號

旭燈

共喜春回

（博美犬、常鶲、紫藤花）

30號

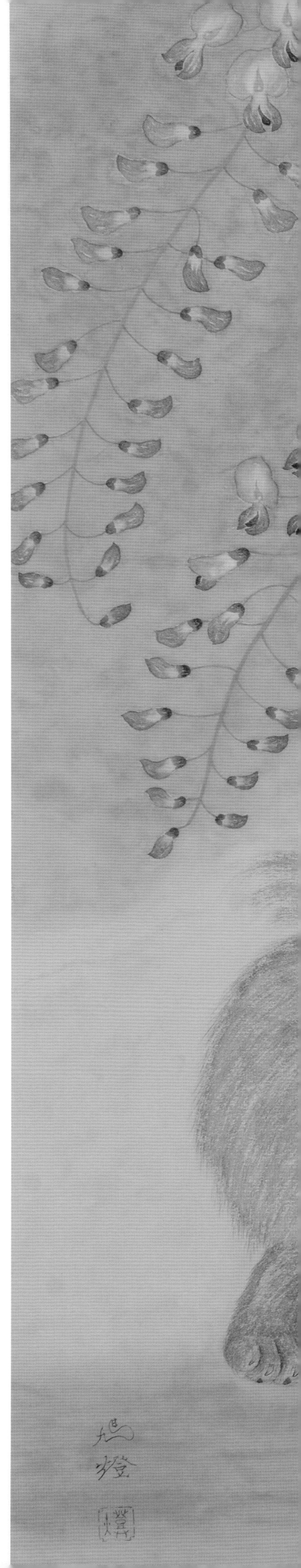

旺來
（鳳梨、白頰山雀）
30號

絕海摩天
（鷹）
120號

福祿晉喜

（梅花鹿、金翅雀、櫻花）

30號

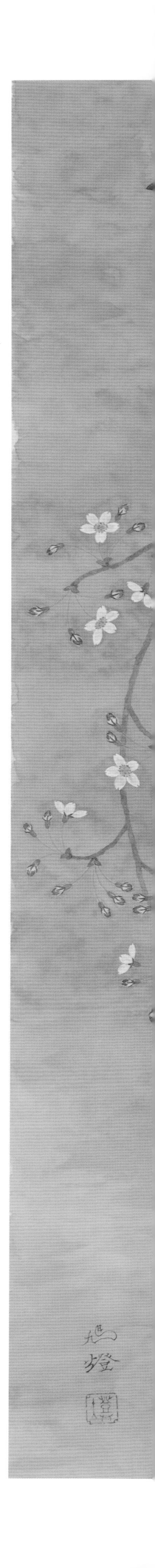

雙鶴呈祥
（丹頂鶴）
30號

南園第一紅

（牡丹）

30號

彩鳳呈祥

（鳳凰、琉璃鶲、仙果）

30號

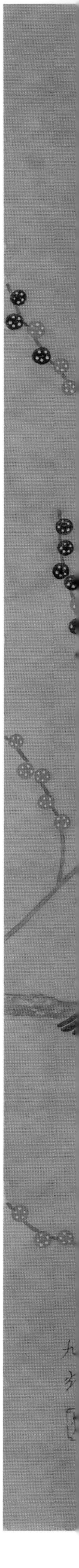

春園麗華

（目白雀、木蓮花）

30號

白龍馬
（牝馬）
30號

光彩翎羽
（孔雀）
30號

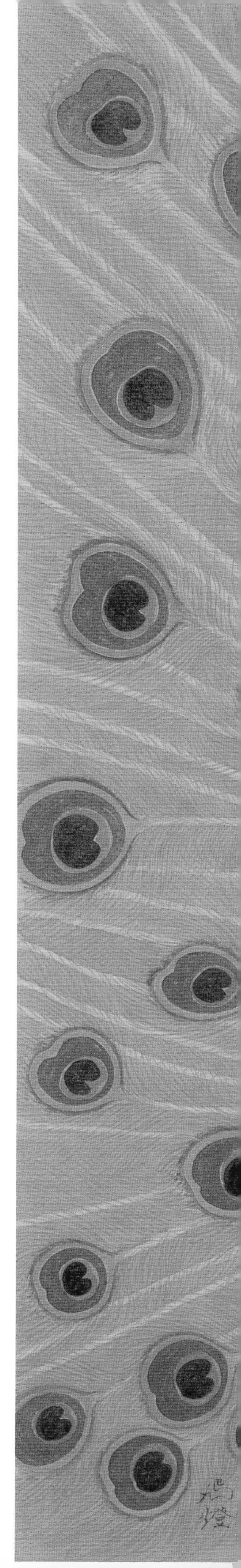

旭燈

蓄勢待發
（花豹）
30號

稻香

（麻雀、稻）

30號

喜悅

（鴛鴦水鴨、黃連雀、櫻花）

30號

雉善至美

（雉雞、朱連雀、黃連雀、銀柳花）

30號

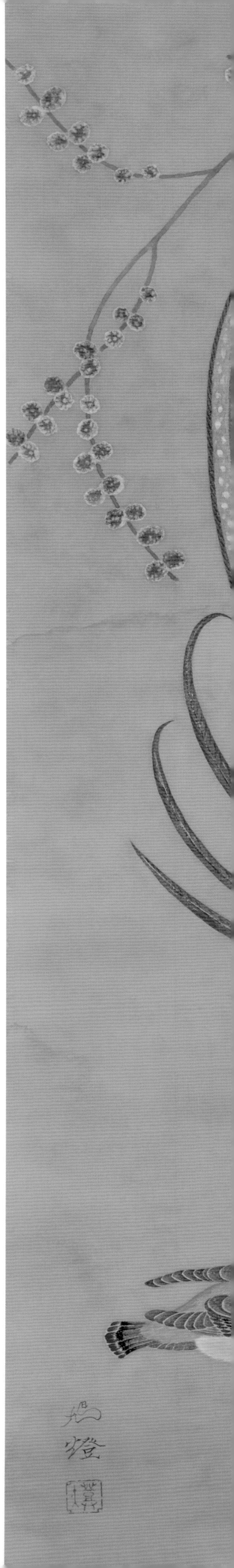

合家歡樂

（金雞、銀柳花）

30號

相善
（白虎）
30號

豐碩年年

（朱連雀、黃連雀、粟）

30號

一團和氣

（丹頂鶴）

30號

麗日

（臘腸犬、朱連雀、櫻花）

30號

大鵬展翅

（鷹）

30號

旭燈

來福

（仔豬、朱連雀、黃連雀、穗）

30號

嬉

（貓、琉璃鶲、銀柳花）

30號

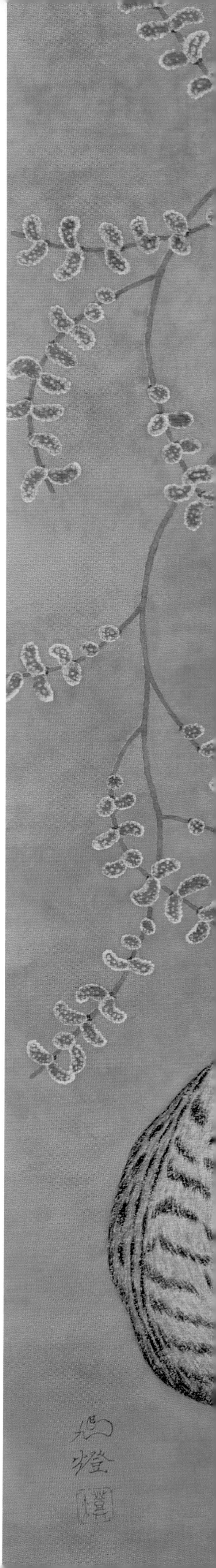

春花曲

（常鶲、木蓮花）

30號

春滿大地

（紫藍金剛鸚鵡、桃花）

30號

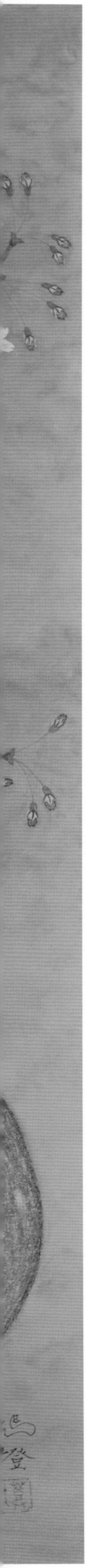

名祿雙至

（梅花鹿、黃鸝、櫻花）

30號

一枝風情
（胡錦雀、梅擬）
30號

喜柿重重
（目白雀、富士柿）
30號

麗日

（黃金獵犬、麻雀、銀柳花）

30號

旭燈

對話

（薩摩雞、琉璃鶲、萩花）

30號

深情
（牛）
30號

旭燈

花間辭

（琉璃鶲、山茶花）

30號

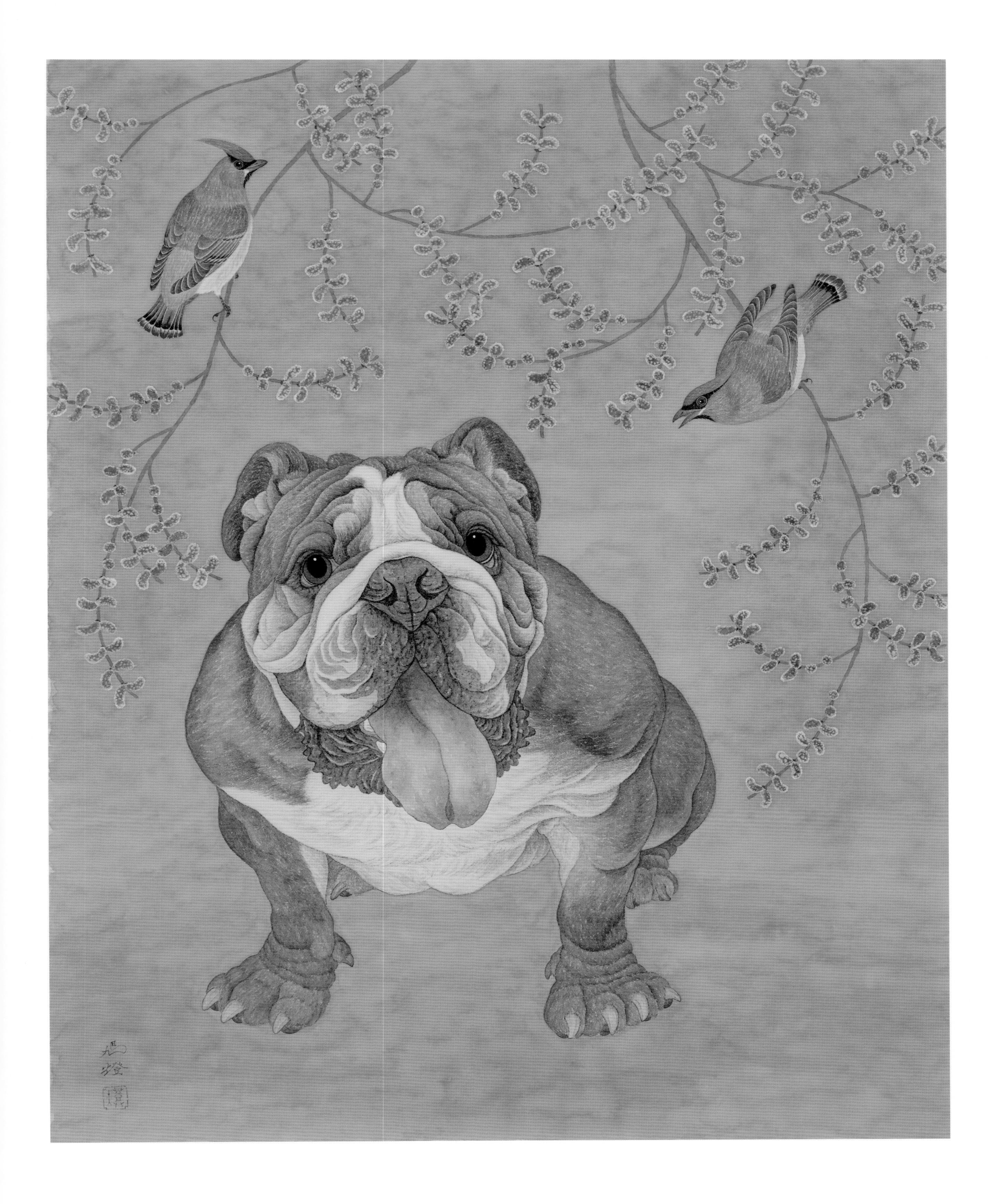

春日

（鬥牛犬、朱連雀、銀柳花）

30號

王者風範

（獅）

30號

春和麗日
（錦鳩、白頰山雀、萩花）
30號

春光

（燕雀、夢宗竹）

30號

慧犬

（臺灣土犬、常鶲、七葉實）

30號

鳧雁高去

（雁、黃鶲）

30號

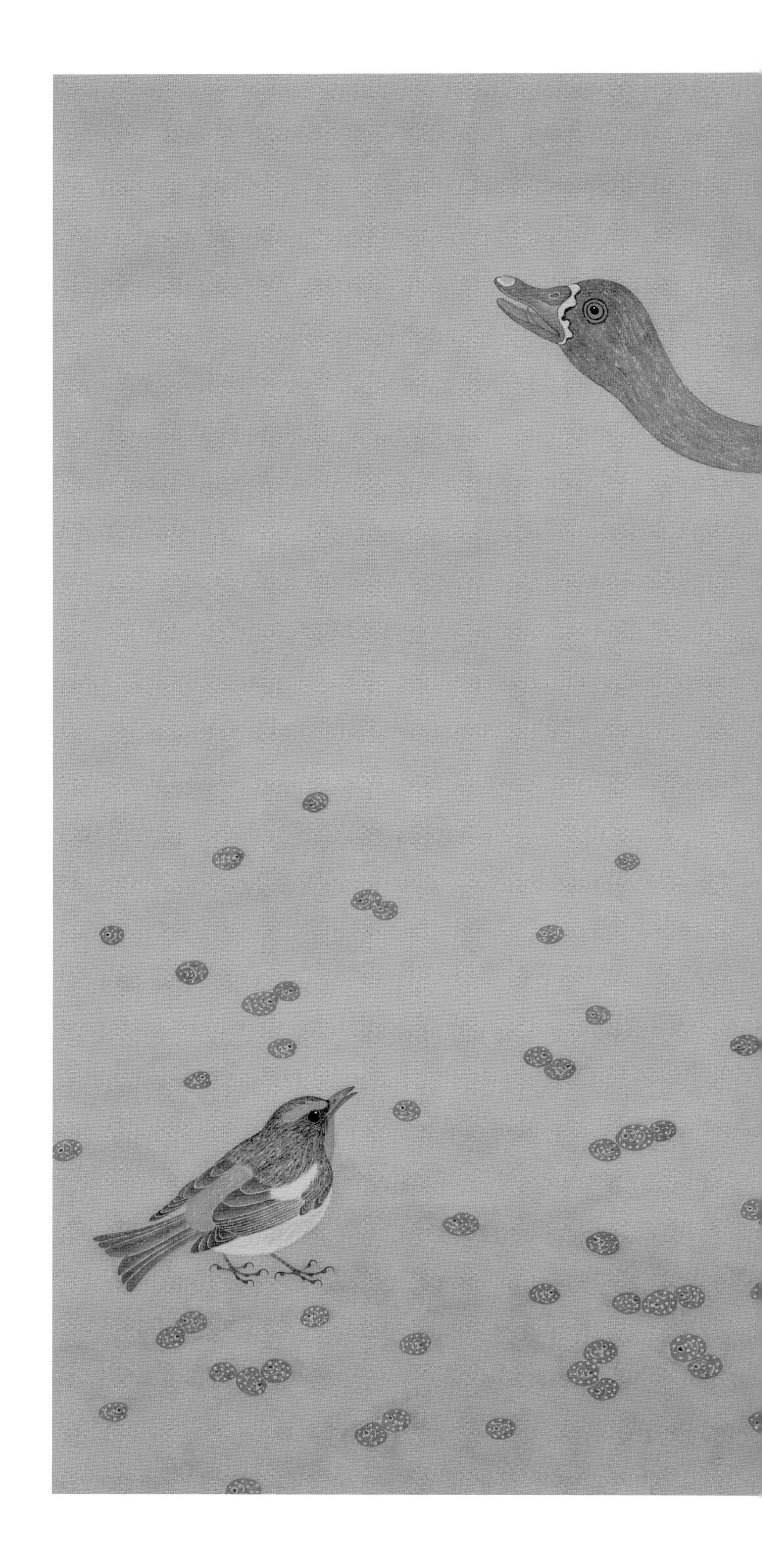

旭燈

清韻

（目白雀、海芋花）

30號

慕情

（仔兔、朱連雀、銀柳花）

30號

旭燈

喜悅

（鬥牛犬、柄長雀、櫻花）

30號

旭燈

叱吒風雲
（鷹）

120號

桃子紅了

（山雀、白鳳桃）

30號

美意

（仔貓、麻雀、銀柳花）

30號

仙鶴呈祥
（丹頂鶴）
30號

旭燈

豐年

（目白雀、釋迦）

30號

美猴王

（猴、柄長雀、銀柳花）

30號

相善

（土佐犬、山雀、七葉實）

30號

大地銀兩

（黃鶺、銀柳花）

30號

昂首前行
（牝馬）
30號

慈悲喜悅

（慈悲心鳥、金翅雀、銀柳花）

30號

福氣

（仔豬、柄長雀、穗）

30號

大地春回

（金剛鸚鵡、櫻花）

30號

春花曲
（金翅雀、桔梗花）
30號

早春

(仔鹿、琉璃鶲、櫻花)

30號

秋韻

（菊戴雀、紅葉）

30號

瑞雪來了
（貓、野鳥）

120號

南園第一紅

（紅腹錦雞、朱連雀、櫻花）

30號

忠節犬

（邊境牧羊犬）

30號

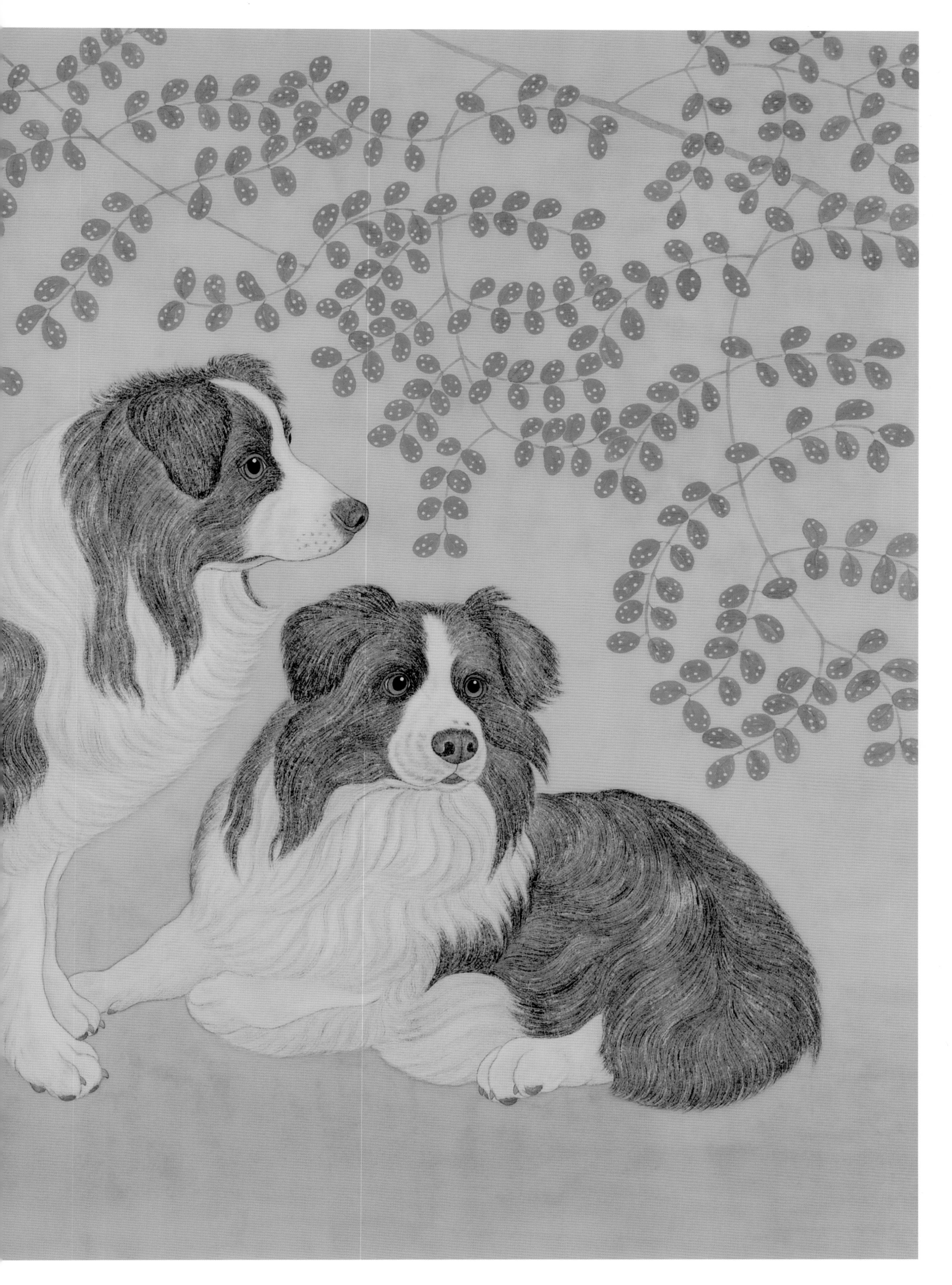

第一香
（牡丹）
30號

威風凜凜

（黑薩摩雞、白頰山雀、穗）

30號

清韻
（常鶲、蓮葉）
30號

喜樂

（仔貓、島柄長雀、銀柳花）

30號

春音

（常鶲、芙蓉花）

30號

秋日深情

（白鵝、紅頰山雀、穗）

30號

末嘯風生
（虎）
30號

旭燈

微風

（麻雀、蘆葦）

30號

春意盎然

（獵犬、紅夾山雀、櫻花）

30號

愜意
（仔貓、柄長雀、桃花）
30號

神駿
（叱馬）
30號

登高自我

（白玉鸚鵡、櫻花）

30號

清韻

（常鶲、蕗葉）

30號

吠福

（柴犬、金翅雀、桃花）

30號

旭燈

姚旭燈 畫集

作　　者／姚旭燈
臺北市林森北路306號14樓之一
Tel：0958-100-212

出 版 者／姚旭燈

發行單位／旭燈文教協會

藝術指導／曾逢景

美術設計／三省堂

攝　　影／前田 義高

製版印刷／鴻霖印刷傳媒股份有限公司

出版日期／2021年5月

版　　次／第四版 第一刷

定　　價／2,200 元

I S B N／978-957-43-8858-5